鄭 由美

Yumi Tei

DVD付き

ユミ式 ラク痩せ ゆる体操

1日1分で、くびれボディ

JN189925

講談社

PROLOGUE

あなたの体もきっと変わります

はじめまして。鄭《てい》 由美です。

この本を手に取ってくださったあなたは、真剣に「今の自分のボディラインを変えたい」と思っているはず。そして、今までもいろんなダイエットやエクササイズに挑戦したものの、自分にぴったりくるものに出会えず、お悩みだったのでは？

大丈夫。あなたの体は「ユミ式ラク痩せゆる体操」で、きっと変わります！

多くのダイエットやエクササイズには「辛い」「我慢」「キツい」なんていう、マイナスのイメージがつきものですが、ユミ式は、その逆を行くメソッドです。

なにしろ考案者の私自身、我慢するのもキツいのも嫌いで、面倒くさがり。キレイなボディラインを手に入れたいけど、大好きなスウィーツも諦めてイライラしたくない！　美ボディもストレスのない暮らしも同時に両方手に入れて、ＨＡＰＰＹでいたい。そんな欲

NOW

55歳
体重 −6kg
ウエスト −8cm

自分のオバサン体形に気が付いて愕然とした時の私は、姿勢が悪くウエストも行方不明。当時から体重は6kgしか減ってないものの、今は体のメリハリを取り戻し、ウエストは8cmダウン。

20 YEARS AGO
35歳

張りな私が考えたこの方法なら、あなたも絶対、変われます！

「ユミ式ラク痩せゆる体操」は、息が上がるほどハードで難しい動きはまったく必要ありません。運動が苦手でも問題なし。それなのにたった一度で、**体が引き締まる実感が得られます。**

自分のペースでラクに続けるうちに、体のあちこちに散らかったぜい肉は本来ボリュームが必要なバストやヒップにキュッと集まり、行方不明になっていたくびれも出現します。

そして最大のポイントは、楽しくて気持ちいいこと。運動が苦手な人も、ユミ式なら、動く前より体がラクに、気分爽快になっていることを実感していただけるはず。楽しくて気持ちいい、しかもキレイになる体操ならやりたくなるでしょ？　続くでしょ？

さて、ここで私がこの体操を考案したきっかけについてお話しします。

あれは私が30代半ばの夏のこと。遊び盛りの子ども3人を連れてプールに行こうと水着に着替えたとき、何気なく鏡を見て大ショック！　胸は垂れ下がってお腹がポヨン、お尻は四角、正真正銘の「オバサン体形」が映ってる！　たしかに3度の出産で、以前より体形は少し崩れた気がしてたけど、体重がめっちゃ増えたわけじゃない。おしゃれにも手を抜かず、自分では密かに「イケてるママ」を自任してたのに、なぜ!?

「このまま放っておいたら、5年後はオバサンかオジサンかもわからへんようになる。一生、機嫌よく、おしゃれも楽しみたいのに、これはアカ～ン！」

そんなとき、私とは逆に、なぜか若返ってイキイキとし始めていた母が勧めてくれたのが、とある体操教室でした。私は即座に教室に通うことを決意。

「どうせやるなら、キレイになるのと同時に、先生として人に教えられるようになろう。そしたらキレイも仕事も手に入れられて一石二鳥やわ♪」

それから5年間、本気でレッスンに通い、そこで学んだ体操に、私なりのアレンジを加えて完成させたメソッドが、これからご紹介する「ユミ式ラク痩せゆる体操」なのです。

現在、全国に36の教室があり、生徒さんはのべ5万人ほど。1回90分のレッスンに、10代から70代までの方が参加して、楽しく体を動かしています。

ユミ式には**「おトク」**や**「一石二鳥」**をたっぷり盛り込みました。簡単な体操はどれも、体を「緩めて」「伸ばして」「整える」を同時に行えるよう設計しています。**ゆるく楽しく体を動かしているうちに、気づいたらおしゃれが楽しめる整ったボディラインに！**

我慢や辛さと対極にある、超HAPPYな「ユミ式ラク痩せゆる体操」にようこそ♪

CONTENTS

PROLOGUE あなたの体もきっと変わります 02
DVDの使い方 08

CHAPTER 1
入門編

40歳を過ぎると体は散らかるのです 10
散らかりボディは「鍛える」のではなく「整える」 12
1分で変わるって、どういうこと？ 即効最強ポーズ 14
ボディも人生も変わる！ ユミ式体験記 16
あなたもマイナス9歳ボディへスイッチON♪ 20

CHAPTER 2
実践編

ユミ式の基本 22

STEP❶ くびれ 24
*グルングルン体操 *ウエストくびれ形状記憶体操
*腕もお尻もフリフリ体操 *タオル de くびれ体操

STEP❷ 美尻・美脚 32
*ひざ裏トントン体操 *ノリノリヒップローリング体操
*脚ブラブラ体操 *ひざハグ体操
*お尻トントン体操 *バレエ風美尻体操

STEP❸ バストアップ 46
*バストアップマジック体操 *キラキラ☆体操
*グーでブンブン体操 *自分で自分を抱きしめてあげる体操

STEP❹ 小顔 54
*お顔ブルブル体操 *フェイスラインすっきり体操
*ゆっくり首回し体操 *ベロ出し体操

読むだけでキレイになるユミ語録 44

EPILOGUE ｜ 出来た自分を褒めてあげましょう♪ 62

DVDの使い方

DVDメニュー画面

この本のp.15、p.24〜61にあたります。

必ずお読みください

●本書は、健康な成人を対象に作製しています。エクササイズの途中で体調が悪くなったり、痛みが生じた場合は、一旦中止して専門医にご相談ください。●体調に不安のある方や、持病がある方は、必ず医師の許可を得てからエクササイズを行ってください。

DVD-Videoについての注意事項

◎DVDは赤いリボンから開封して取り出してください。台紙ごと取り外さないでください。
◎DVD-Videoとは、映像と音声を高密度に記録したディスクです。DVD-Video対応プレーヤーで再生してください。DVDドライブ付きPCやゲーム機などの一部の機種で、再生できない場合があります。
◎再生上の詳しい取り扱いについては、ご使用になるプレーヤーの取扱説明書をご覧ください。再生上に生じたご不明点は、プレーヤーの製造メーカーにお問い合わせください。
◎このディスクは特定の国や地域のみで再生できるように作製されています。したがって、販売対象として表示されている国や地域以外で使用することはできません。各種機能についての操作方法は、お手持ちのプレーヤーの取扱説明書をご覧ください。
◎このタイトルは、16：9画面サイズで収録されています。
◎このディスクは家庭内鑑賞用にのみご使用ください。このディスクに収録されているものの一部でも無断で複製(異なるテレビジョン方式を含む)・改変・転売・転貸・上映・放送(有線・無線）することは禁止されており、違反した場合、民事上の制裁および刑事罰の対象となることもあります。

30min	片面一層	COLOR	MPEG2	複製不能

取り扱い上のご注意

◎ディスクは両面とも、指紋、汚れ、傷などをつけないように取り扱ってください。また、ディスクに対して大きな負荷がかかると微小な反りが生じ、データの読み取りに支障をきたす場合もありますのでご注意ください。
◎ディスクが汚れたときは、メガネ拭きのような柔らかい布を軽く水で湿らせ、内側から外側に向かって放射状に軽く拭き取ってください。レコード用クリーナーや溶剤などは使用しないでください。
◎ディスクは両面とも、鉛筆、ボールペン、油性ペンなどで文字や絵を書いたり、シールなどを添付したりしないでください。
◎ひび割れや変形、または接着剤などで補修されたディスクは、危険ですから絶対に使用しないでください。また静電気防止剤やスプレーなどの使用は、ひび割れの原因となることがあります。

保管上のご注意

◎使用後は、必ずプレーヤーから取り出し、付属のシートに収めて、直射日光の当たる場所や自動車の中など高温多湿の場所は避けて保管してください。

視聴の際のご注意

◎明るい場所で、なるべくテレビ画面より離れてご覧ください。長時間続けての視聴は避け、適度に休憩をとってください。

CHAPTER 1

入門編

ユミ式ラク痩せゆる体操

40歳を過ぎると体は散らかるのです

「若い頃とそんなに体重は変わっていないのに、体のラインが崩れてしまった……」

その悩みは、あなただけのものではありません。

バストは重力に負けて下垂。さらに脇や背中にまで広がってブラに納まりきらなくなり、ピタッとしたTシャツを着ると、背中や脇にハミ肉の段差がポコリ。

プリンと丸かったはずのヒップは、なんだか四角く扁平になり、以前はあったはずのお尻と太ももとの境目が見当たらない。

思い切り息を吸ってお腹をへこませてみても、ポテンとした下腹は微動だにせず。ウエストや足首のくびれはどこへいったのか、行方不明……。

プロローグで告白した通り、私も3度の出産を経験して、ハッと気づいたときにはそんな立派なオバサン体形になっていて、愕然としました。

これは若い頃の単純に「太った」という状況とは、あきらかに違います。

そう、40歳を過ぎると、体は散らかるのです。

女性は加齢によって代謝が落ち、太りやすくなるといわれていますが、私たちにとって体重の増加よりも深刻なのは、体形が崩れてしまうこと。

これはぜい肉が付くこと（太ったこと）自体が問題というよりも、本来あるべき場所にお肉がとどまらず、あったら困る場所に流れて散らかってしまうのが、最大の問題点なのです。

みなさん「痩せたい」とおっしゃいます。ですがそれは、不健康なほどに細い超スリム体形になりたい、とか、バキバキに鍛えて腹筋を割りたい、というわけではないですよね？

もっとおしゃれを自由に楽しめる、キュッと引き締まったボディラインを手に入れたいだけですよね？

体重なんて減らなくても、散らかった体が整って、メリハリのあるボディラインさえ復活すれば、「ラクだから」を口実に愛用中のゴム入りスカートや、お腹隠しのルーズなトップスとはもうサヨナラ。捨てられずにクローゼットにしまい込んでいたお気に入りの洋服を引っ張り出して、いますぐ着たくなるはずです♪

散らかりボディは「鍛える」のではなく「整える」

これまでダイエットにいいというエクササイズに挑戦しては、挫折……。そんな方も多いでしょう。それはあなたがズボラだったせいではありません。エクササイズが長続きしなかった理由は、ハードすぎるメソッドを頑張ろうとしたことです。

「ユミ式ラク痩せゆる体操」は、筋トレ系メソッドのようにダイレクトに筋肉を「鍛える」系のエクササイズではありませんし、長時間激しく体を動かして脂肪をガンガン燃焼させる有酸素系エクササイズとも違います。**自分のペースで気持ちよく体を動かせばOK。もともとしんどいことがキライで怠け者の私自身が編み出したメソッドなのですから。**

ユミ式が目指すのは、自由におしゃれが楽しめて毎日ハツラツと過ごせる健康的な美ボディを、ストレスなく楽しみながら手に入れること！　硬くなっていた体を緩めて伸ばし、

散らかったお肉たちを、本来あるべき場所に戻して「整え」れば、アスリートのように鍛え上げなくても十分に、私たちの目的は達成できてしまうのです。

実際、ユミ式は、体重に大きな変化は出なくても、一度行うだけで、穿いていたスカートのウエストが緩くなったと感じる人、悩んでいた不定愁訴がラクになってお肌がツヤツヤになった人など、**体型やサイズ、体調に、確実に嬉しい変化が出ます。**

ハードに追い込む負荷の高いエクササイズは、慣れない一般人が行うと逆に体を痛める心配も。効果的に実践するにはスキルも忍耐も必要で、一生続けるのは大変です。

でも、散らかった体を整えて美ボディを作るユミ式なら我慢や覚悟要らず。楽しく体を動かすことでストレスも解消できるので、習慣として定着しやすく、**体と同時に心も整って前向きになれる**と、いいことずくめ。

今までのトレーニングが、たとえば大きな出費や一大決心が必要な家の建て替えや大規模リフォームだったとしたら、ユミ式は、散らかった部屋のモノをあるべき場所に戻してすっきり片付ける整理術。コツさえつかめばストレスなく毎日できるのです。

片付いた部屋なら仕事がはかどり、暮らしが楽しくなるのと同じで、キレイに整った体なら、元気に動けて気持ちも前向きになり、毎日ＨＡＰＰＹに過ごせますよ！

1分で変わるって、どういうこと？
即効最強ポーズ

ここまで読んできて「ホントにそんな簡単な運動で変わるの？」と疑問を持たれているあなたに、まずは試していただきたい即効最強ポーズが、左ページの「**生まれたての子鹿の体操**」です。まずはいったん本を置いて、1分間、この体操を試してみましょう。

体操が終わったら、自分の体の変化を観察してみてください。肩回りが気持ちよく伸びて、ウエストや太もも裏が温かく感じたら成功です。穿いていたパンツのウエストが緩くなったと感じる方もいるのでは？　ユミ式は、どれも短時間でできる簡単な体操。それでいて、できるだけ多くの気になる部位に効くようおトクに設計してあるのがポイントです。この体操も、実は**一石四鳥の効果**があるんですよ。

生まれた直後の子鹿が足をプルプルさせながら立つシーンをイメージしつつ、レッツ・トライ♪

最強ポーズ

生まれたての子鹿の体操

①下半身のもっさり感をすっきりさせる。②足首が引き締まる。脚痩せ効果。
③ウエストを引き締め、バストアップも期待できる。
④ヒップの位置が上がるので脚が長く見える。一石四鳥の効果あり！

1

両手を肩幅くらいに開いてイスの背をつかみます。足も肩幅くらいに開きましょう。

20~30秒
×2セット

2

背中はまっすぐ、ひじを伸ばし、かかとを浮かせて、お尻を天井にプリッと突きだして。そのとき、折りたたんだ股関節に指がはさまるくらい、お腹と太ももをくっつけるのがポイントです。首に力が入ったり、背中が丸くなったりしないよう注意。肩甲骨同士が寄って、お尻の下から太ももの後ろが気持ちよーく引っ張られるのを感じましょう。

ボディも人生も変わる！
ユミ式体験記

私の教室で行っている「ユミ式ラク痩せゆる体操」のレッスンは、1回90分。ゆっくりと体をほぐすウォームアップから、本書でもご紹介している体操を組み合わせたプログラム、クールダウンまで、ノリノリの曲やインストラクターの元気で楽しい掛け声やエールに導かれて体を動かした後は、みなさん「気持ちいい！」「すっきりした」と、来たとき以上に元気になって帰られます。

ユミ式の大きな特徴は、ボディラインや体調が整うと同時に、心が整って気分も前向きになるところ。「人生そのものが変わった」という嬉しい声もよくいただきます。

そこで、これまでユミ式を体験された生徒さんのなかから6名の方に、ここに登場していただきました。あなたと同じような年齢、体形、環境で悩みを抱えていた方々が、ユミ式と出会ってどのように変わったかをぜひたしかめてみてください。

CASE_ 1

コンプレックスだった ヒップがUP！

YUKAさん（34歳）

10代の頃から垂れ下がったヒップがコンプレックスで、数十種類のダイエットにチャレンジしてきました。ダイエット連敗中「真の美しさって何だろう」と自問自答を繰り返し、ついに出会ったのがユミ式です。楽しくユミ式を続けていたら、ヒップと太ももの境目のラインがはっきりして、ヒップがキュッと上向きに。35度台だった平熱も36.4度に上がり、ひどかった末端冷え性も解消。朝もスッキリ起きられて、風邪もひきにくくなったので、体力にも自信が！体にしなやかさが生まれ、年を重ねることが楽しくなってきました。

CASE_ 2

行方不明だったウエストを 見つけられました♪

小島佳子さん（54歳）

主婦、妻、母、嫁、そして社会人として一人何役もこなさなければいけない女性は、自分のケアを後回しにしてしまいがち。私もその一人です。でもユミ式を始めて、自分と向き合う時間を持てるようになったら、心にゆとりができて、気持ちが前向きになりました。何より嬉しいのは鏡に映る自分のシルエットが以前と全く違うこと！　長年行方不明になっていたウエストを、しっかり見つけることができました。最近は、埋もれていた鎖骨も浮き上がってきて首が長くなった印象に。今後も続けて、天使の羽（背中の肩甲骨）もぜひ発掘したいと思います！

CASE_ 3

出産・授乳で下がったバストが元の位置に！

谷 美沙紀さん（37歳）

ユミ式に出会うまでは、体重の増減に一喜一憂して、それがストレスとなり、さらに過食する悪循環を繰り返していました。でも「大切なのは体重ではなく、体のライン」と気づかされてからは、食事もお菓子も楽しくおいしくいただけるようになり、無茶な過食はなくなりました。少し食べすぎたな、と思ったら「ユミ式で調整すればいいだけ」というのはとっても気持ちをラクにしてくれます。３度の出産や授乳で垂れ下がったバストは、元の位置に戻り、ウエストのくびれも復活。日常生活もよりアクティブで、充実したものになりました。

CASE_ 4

ピチピチだったパンツがブカブカに！

石塚千賀子さん（44歳）

単純に体重を落とすのではなく、正しい姿勢と正しい体の使い方を意識すること。それが、体のラインを整えて、女性らしい美しさにつながるのだと、身をもって学べたのが、ユミ式に出会った大きな収穫です。40代にして、ガードルを穿かなくてもプリッと上がったお尻、キュッとくびれたウエストを手に入れました。以前はピッチピチだったパンツがブカブカになるくらいすっきりしたので、子どもたちも「自慢のママ」ってほめてくれます。私にとってのユミ式は、なくてはならないもの。今後も自分の体がさらにどう変わるかが、楽しみです。

CASE_ 5

心と体のバランスを取り戻しました！

南 千里さん（56歳）

仕事と家事で忙しく日々を送っていた私は、50歳を過ぎた頃、気がつけば体重が5kg増えていました。その頃、ユミ式との出会いが!!　ユミ先生の「運動は運を動かす♪」の言葉通り、ユミ式を続けることで、仕事の悩みや歳を重ねることへの恐れで失いかけていた心のバランスを取り戻すことができました。「体の軸が整うと心の軸も整うんだなぁ」と実感。

現在は、仕事、プライベート、体調、体形、すべてのバランスが取れ、毎日ワクワクしながらポジティブに過ごしています。ユミ式に出会えて、本当によかった！

CASE_ 6

効かせたいところにピンポイントで効く！

安永めぐみさん（40歳）

30代後半、体重が10kgも増えて着たい洋服も入らなくなってしまったので、週に2～3度ジムに通い始めましたが、ちっとも痩せなくて「こんなものなのかなあ」と諦めかけていたところ、ユミ式に出会いました。初めてやったとき、運動強度は高くないのに、全身がポカポカして体が喜んでいるのを感じて衝撃を受けました。ユミ式は効かせたいところにピンポイントで効く短い体操が多いので、家事をしながら、仕事中のわずかな空き時間に取り入れられるのが、お気に入り♪　自然に姿勢がよくなり、長年悩んでいたひどい肩こりともサヨナラです！

あなたもマイナス9歳ボディへスイッチON♪

ユミ式には、難しい動きや息切れするほどハードな運動はいっさいありません。

これまでいろいろなエクササイズを経験してきた方なら、実践編の運動とその時間を見て「えー、これでいいの?」と笑ってしまうかもしれません。でもその笑い、笑顔こそが、ユミ式をさらに効果倍増させる秘訣です。笑顔で、楽しく運動できるから、自然に習慣化できます。

家事や仕事のすきま時間を利用してこの体操を実践すれば、体がポカポカと温まり、代謝がぐっと上がります。関節の可動域も広がるため、その後の動きがしなやかで美しくなるだけでなく、いつもの動作の運動効果も格段にアップ! つまり24時間、上手に体を使って**自然に痩せられる仕組みをオンにするスイッチが、ユミ式なのです。**

運動が苦手な方も、他のエクササイズでは効果が実感できなかった方も。バッチリ結果を出せるユミ式で、マイナス9歳ボディを叶えましょう♪

CHAPTER 2

実践編

ユミ式ラク痩せゆる体操

ユミ式の基本

すきま時間を利用してできるのが、ユミ式体操。
できるときに、好きなポーズをピックアップして行えばＯＫ。
でも最大効果を狙うなら、この４ステップの流れがオススメ！

STEP❶ くびれ

**埋もれていた
くびれを掘り起こす**

全身のウォーミングUP効果もあり！

STEP❷ 美尻・美脚

**モタモタしていた
ラインをすっきり**

下半身の血流を促進。体がポカポカに。

STEP❸ バストアップ

**オーラあるデコルテに。
背中や脇のハミ肉も撃退！**

肩こりや姿勢の悪さも同時に矯正。

STEP❹ 小顔

**誰でも一瞬で美人に
なれる方法、あります！**

仕上げは９歳若返る美人顔作り。

ココを意識して散らかりボディを集める！

けっしてキツくはないユミ式体操ですが、効果を最大限に引き上げるポイントがあります。
まず、骨盤、おへそ、肩甲骨、股関節に意識を向けながら体を動かしてみましょう。
また、「グルングルン」「ムギュ」など、実際に声を出しながら体操するのも、
動きや体の変化をイメージしやすくなって、効果がアップ！　そして何より大事なのは、
最高の笑顔で体操すること♪　楽しく動いてこそ、美ボディは完成します。

骨盤

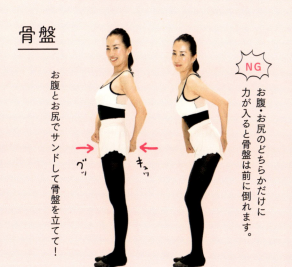

お腹とお尻でサンドして骨盤を立てて！

NG

お腹・お尻のどちらかだけに
力が入ると骨盤は前に倒れます。

おへそ

おへそをタテに引き
伸ばすイメージ。

肩甲骨

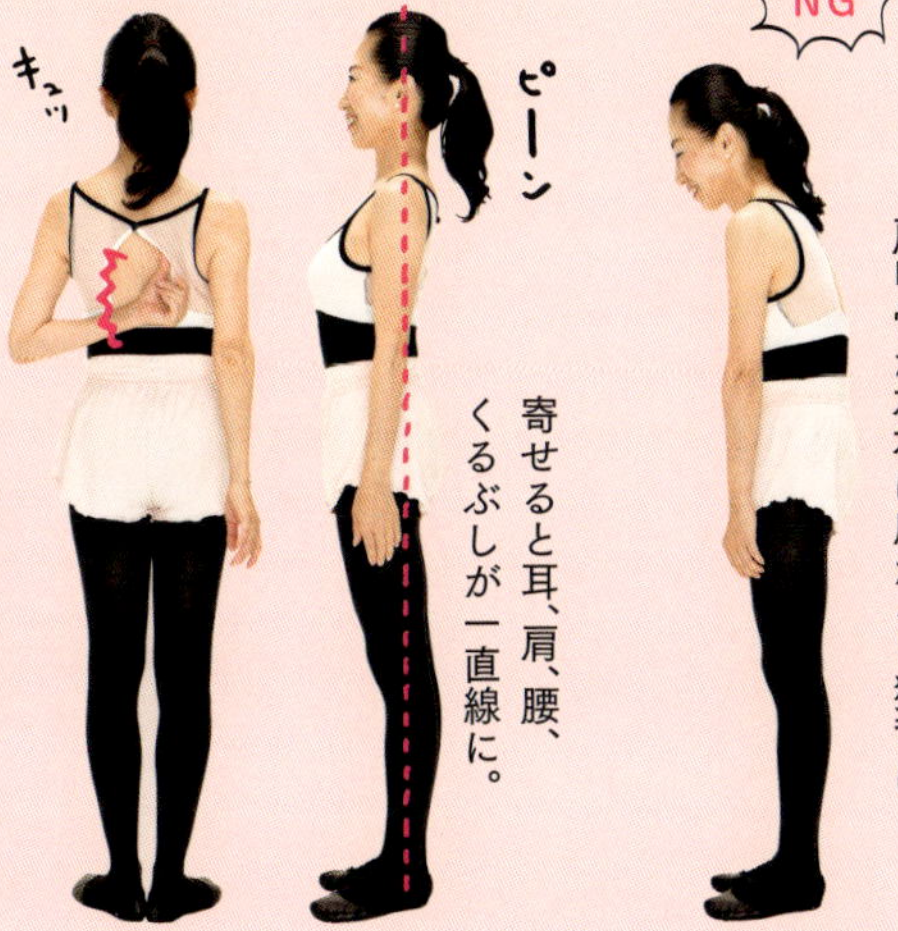

肩甲骨は内側に寄せて。

寄せると耳、肩、腰、
くるぶしが一直線に。

NG

肩甲骨が左右に広がると猫背に。

股関節

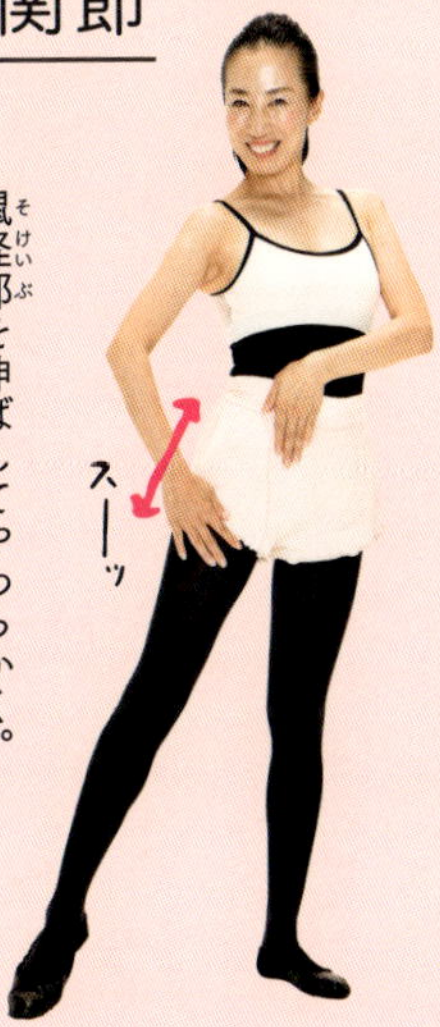

鼠《そ》径《けい》部《ぶ》を伸ばしてやわらかく。

グルングルン体操

効果
・ウエストシェイプ　・背中のぜい肉落とし　・バストアップ

腕を回す反動で、固定した腰から上をぐっと引き伸ばすイメージで。ウエストのくびれを掘り起こし、背中のもっさり感を解消します。腕の始まりは肩甲骨！　というイメージで、大きく腕を回すのがポイントですよ！

1

足を肩幅に開いて、つま先を外に向けて立ちましょう。お尻を中央にキュッと引き締めて腰を固定。両手は軽くグーにして握ります。

YUMIの HAPPY POINT

テンポよく
回せばバストも
ツンと上向きに！

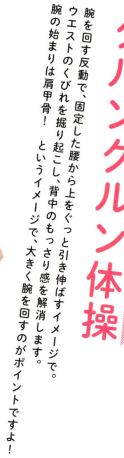

テンポよく
グルングルンと
後ろ回し10回
前回し10回

肩甲骨を使って大きな円を描くように、腕をグルングルンと後ろ回し。腕を交差させて上に上げたら、二の腕が耳の後ろを通過する感じでグルン。終わったら前回しも同様に行いましょう。

ウエストくびれ形状記憶体操

効果
・ウエストの引き締め　・くびれ作り　・ウエスト位置の形状記憶　・バストアップ

ウエストをキュッと引き締め、くびれを本来あるべきウエストラインにしっかり定着させる体操です。縮めた側のお肉をギュッと押しつぶし、伸ばした側を気持ちよ～く伸ばして刺激を与え「ウエストはココよ！」と体に記憶させせましょう。

左右
各8カウント

1

足を肩幅に開いて立ち、腕を上げて、両手を頭の上で組みましょう。組めない方は、両手を合わせるだけでも大丈夫。おへそを縦長に引き伸ばすイメージで、ひじをぐっと伸ばしてみて。

3

反対側も同様に行いましょう。縮んだウエスト側のぜい肉がムギュッと押しつぶされ、反対側は気持ちよく伸びているのを感じて。

息を吐きながらゆっくりと左に倒しましょう。このとき骨盤はしっかり固定。伸ばすのはおへそから上だけです。

2

みょーん
ムギュ

NG

体を斜め前に倒すと効果半減。目線は正面に。床を見ないこと。

YUMIの HAPPY POINT
焼いたお餅を
みょーんと
引き伸ばす
イメージでね♡

効果
・ウエストにしなやかなラインを作る
・バストとウエストのメリハリを作る
・ウエストが本来のくびれを思い出す
・内臓の調子を整える
・便秘解消

腕もお尻もフリフリ体操

上半身を気持ちよくゆすることで、ビーナスのような美しいウエストラインをメイクする体操です。細かい動きは気にせず、腕をリズミカルに振って、大きく体をシェイク♪　テレビでノリのいいCM曲がかかったら「フリフリ体操」タイムです！

1

足を肩幅に開いて立ち、両手を軽くグーに握りましょう。肩を左右交互に肩甲骨から回すようにシェイク。あわせて、お尻もフリフリシェイクしましょう。

2

左右あわせて
30回
シェイク

YUMIの HAPPY POINT

テレビCMの
15秒間は
Let'sフリフリ！

肩に力が入らないよう注意して、全身をほぐすイメージで。リズミカルにテンポよく！

STEP❶ くびれ

タオルdeくびれ体操

効果 ・ウエストのくびれ ・二の腕シェイプ ・背中のぜい肉落とし

フェイスタオル1本でできるくびれ体操は、バスタイム前の習慣にぴったり。くびれを埋没させているにっくきお肉を「ぶちゅっ」とつぶす感覚で体を動かすうちに、プルプル二の腕やもっさり背中まですっきり解消できます！

1

肩幅より広めに足を開き、両つま先は外側に向けて立ちましょう。フェイスタオルの両端を軽く握って頭の上に。

YUMIの HAPPY POINT

股関節を伸ばせば鼠径部のリンパもぐんぐん流れる！

2

左足のかかとを上げてお尻の位置を高くしながら、タオルを下に軽く引っ張るように上体を左に倒しましょう。息をフーッと吐きながら、左のウエストのぜい肉が、ぶちゅっと押しつぶされるイメージで。

3

息を吸いながら1のポーズに戻って、反対側も同様に行いましょう。動作の間は常にタオルがたるまないように両腕の間隔をキープ。

タオルをギュッと握りしめてはダメ。小指が立つくらい軽く、中指と薬指でつかみましょう。

左側に倒すのを
5回
右側に倒すのを
5回

ひざ裏トントン体操

効果
・ひざ裏のリンパを刺激して老廃物のデトックス
・ひざ小僧上のぜい肉をすっきり
・脚全体のフォルムを美しく

下半身のもっさり感をすっきりさせる体操です。ひざ上にぽっこりのったぜい肉退治と同時に、ひざ裏のリンパの流れを促進するため、老廃物を排出するデトックス効果も！かかとを床に滑らせて、トントンとテンポよくひざ裏を刺激！

1

足を伸ばして床に座りましょう。お腹とお尻で骨盤を立てて背中はまっすぐ。両手を組んで手のひらを前方に向けて、床と腕が水平になる位置でキープ。

YUMIの HAPPY POINT

足の疲れも
むくみもすっきり
解消しちゃう！

3

今度は右ひざを曲げてストン。左右交互にリズミカルに、最初はゆっくり、徐々にスピードアップしてトントンしましょう。

2

左ひざを軽く曲げたあと、かかとを床に滑らせるように突き出して、息をフーッと吐きながら、ひざをストンと落とします。

リズミカルに
左右あわせて
30回

LEVEL DOWN

両腕を上げたままだとキツい人は、手を床について行ってみましょう♪

ノリノリヒップローリング体操

効果
・広がったお尻をコンパクトに引き締め
・太ももの横の張りを取る
・ウエストの引き締め

懐かしのディスコ曲に乗せて行うととても楽しくて、教室でも大人気の体操です。テンポよく、手を「ハーイ！」と上げながら、ひざを左右に倒します。骨盤を立てた状態をキープするのが最大のポイントですよ！

左右あわせて
30回

1

床に手をついて、ひざを立てて座りましょう。

YUMIのHAPPY POINT

オススメ曲は
懐かしの
ノーランズ！

3

2

内ももをくっつけたまま1のポーズに戻って、今度は反対に倒します。「いーち、にーぃ、さーん」とリズムに合わせてテンポよく、お尻を左右にゴロンゴロンとローリングしましょう。

片方のお尻を浮かせ、ハーイのポーズに合わせて、ひざの外側が床につくくらいまで倒しましょう。

LEVEL DOWN

ハーイのポーズがキツかったり、ひざをつけたままがキツい方は、両手を床について、両足の裏を合わせてひざを開きます。開いたひざをパタンパタンとくっつけるようにリズミカルに左右にローリングを行ってみましょう。

脚ブラブラ体操

効果
・ヒップアップ ・太ももシェイプ ・美脚メイク ・脚長効果 ・むくみ解消

日常生活では縮こまっていることが多い鼠径部を気持ちよく伸ばし、脚のリンパの流れの詰まりを解消する体操です。脚のむくみや冷えも消え、キレイなレッグラインに。脚を後ろにしっかり引くことと、骨盤を立てて行うことが大切です。

左右
各10回

1

右手でイスの背を持ち、左手は軽くグーに。右脚に重心をのせてグラグラしないようにして、左脚を後ろに引きます。

YUMIのHAPPY POINT

脚の付け根がお尻の上にある感覚で大きくキック!

2

そのまま前に大きく蹴り上げましょう。上半身はまっすぐキープ。サッカーボールをポーンと蹴るような感覚で。

3

ひじを引いてリズムを取りながら、前後に大きくブランブランと振り上げましょう。ひざ下だけで蹴るのではなく、「お尻の付け根からが脚！」というつもりで大きく動かして。脚が後ろに上がるときは、ヒップもキュッと上がるイメージで、お尻の下からもも裏の伸びを感じましょう。終わったら、反対の脚も同様に行いましょう。

NG

脚を高く蹴り上げようとして、軸足のひざを曲げたり、腰をかがめてしゃがみこむと、骨盤が倒れて効果は大幅ダウン。お腹を引き上げ、お尻を中央にキュッと寄せるようにして、骨盤を立てた姿勢で行いましょう。

ひざハグ体操

効果
・美脚 ・骨盤調整 ・硬い股関節周りをしなやかにほぐす ・デトックス ・血行促進

ひざを片方ずつ抱きしめてあげる体操で硬くなっていた股関節をほぐすと、日常生活でも脚全体を大きく使うことができるようになります。血行が促進されるため、脚のむくみが解消、ツヤツヤお肌にもなれる、超おトクなエクササイズ！

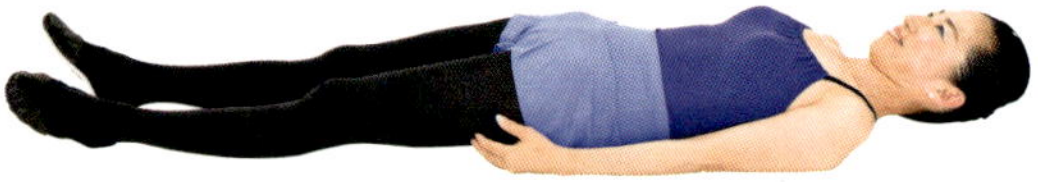

1

床にあおむけに寝ましょう。足先は60°くらいに開きます。背中は全面が床につき、腰の後ろに手のひらがすっと差し入れられる程度のすきまがある（背骨のS字カーブを自然に維持した）状態で。

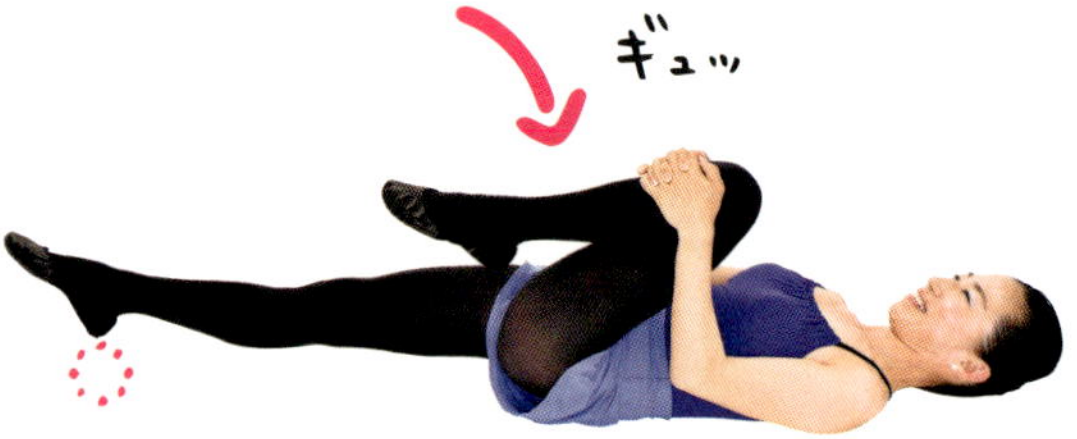

2

両足を少し床から浮かせたら、左のひざを息を吐きながら2カウントで胸元まで引き寄せるように抱え込みましょう。

左右で1セットとして
5セット

LEVEL DOWN

足を浮かせたまま行うのがキツい人は、伸ばした足を床につけたまま行ってみましょう。足を浮かせることより、股関節をしっかり曲げ伸ばしすることを意識してみて。

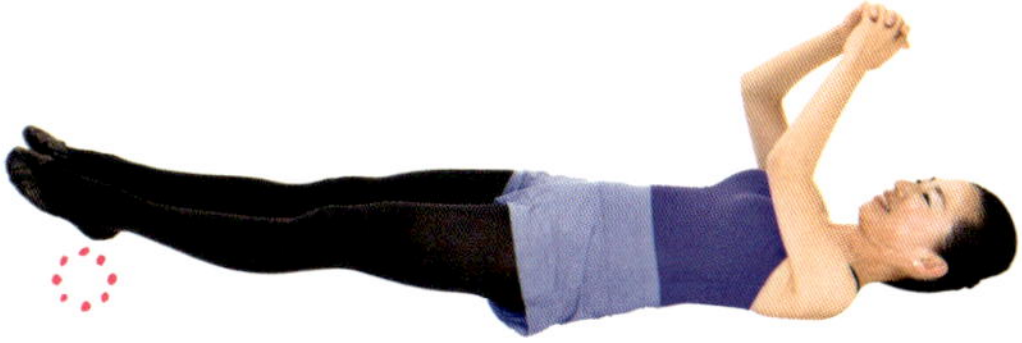

3 息を吸いながらゆっくり2カウント。2カウント目で元の姿勢に戻りましょう。このときも足は床に下ろさずキープ。腰が反らないように注意しましょう。

YUMIの HAPPY POINT
ちょいキツな分、効果めっちゃ盛りだくさん!

ギュッ

4 次に右ひざも、息を吐きながら2カウントで引き寄せて元の姿勢に。左右あわせて1セットです。足は下ろさず、浮かせたまま次のセットへ。

STEP❷ 美尻・美脚

効果
・ヒップアップ
・骨盤周辺のゆがみ矯正
・太ももの引き締め

お尻トントン体操

姿勢の悪さなどが原因でゆがんだ骨盤の位置を矯正する体操です。リズムよくお尻のほっぺをかかとでトントン。重力に負けて、たらーんと下がったお尻を上に持ち上げ、プリン！としたヒップラインを作ります。

リズミカルに
左右あわせて
20回

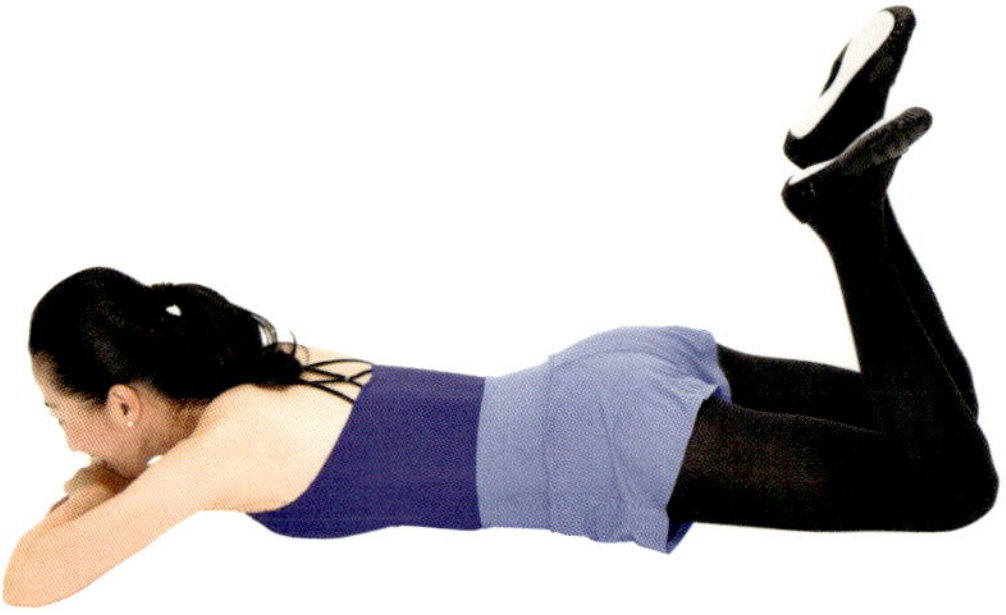

1

床にうつぶせになりましょう。顔の下で重ねた腕にあごをのせます。

YUMIのHAPPY POINT

寝る前や
お目覚め時の
習慣に！

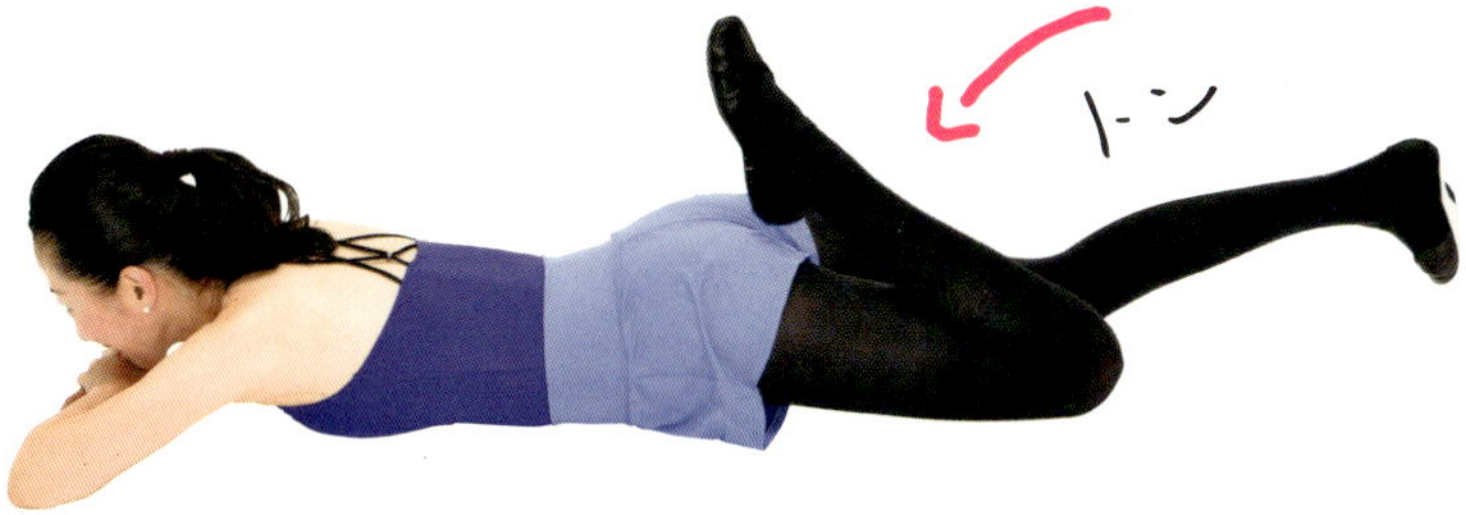

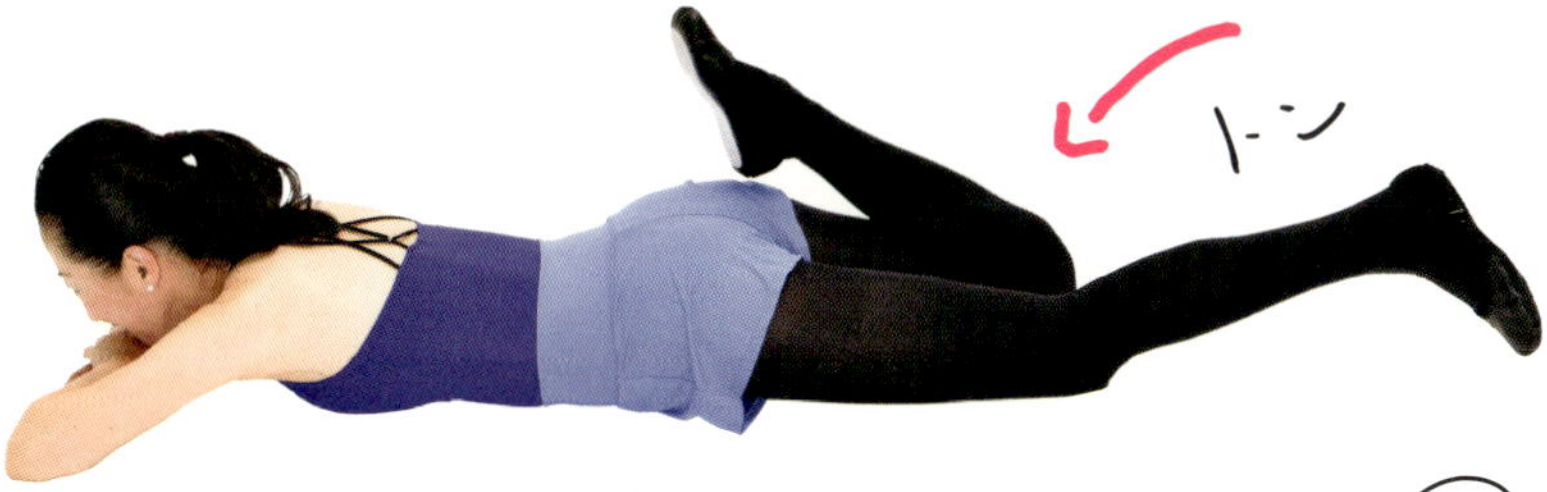

2

ひざを曲げて、お尻のほっぺをかかとで叩きましょう。左右交互にトントンとリズミカルに。お尻にかかとが届かなくても大丈夫♪　肩に力が入らないようリラックスして続けましょう。

お尻とかかとをムリにくっつけようとして、床から腰やお腹が浮いてしまっては効果減。下腹部と床の間にすきまができないようにしましょう。

効果
・ヒップアップ
・四角になっていたお尻の丸みを回復

バレエ風美尻体操

後ろに上げた脚を、さらにもう一段引き上げて。連動してヒップもキュッと上がり、プリンとしたまあるいヒップをメイク。動きは小さいけれど効果抜群な体操です。脚を引き上げるとき、お尻の上にかたまりが感じられていれば、効いている証拠!

1

右手でイスの背を持ってまっすぐ立ちましょう。左手は腰に。ひざを伸ばしたまま左足を半歩分引いて、つま先をちょん、と床にタッチ。

YUMIの HAPPY POINT

バレリーナ
気分でキュッと
ヒップアップ!

左右
各10回

高く上げようとするあまり、上体が前に倒れてしまったり、ひざが曲がったりすると効果なし。脚を引き上げたとき、お尻にキュッと締まる感覚があれば、少ししか上がらなくても大丈夫。

2

つま先を床から浮かせながら、お尻の高い位置にキュッとかたまりを感じましょう。脚を引き上げて、下ろして、引き上げて、下ろして。これを繰り返しましょう。終わったら、反対の脚も同様に行いましょう。

読むだけでキレイになるユミ語録

レッスン中や生徒さんとの会話で、私が繰り返し伝えるユミ式HAPPYフレーズをいくつかご紹介。あなたも自分の体に語りかけてあげて！

自分の体を美しくできるのは自分。

またキレイになってしまったらどうしよう♪
そう思いながらストレッチ。

あなたの伸びしろは、まだまだこれから！
体が伸び伸びしたら、心も伸び伸びするよ。

自分と他人を比べない。
Happy♪は
いつもあなたの中に。

ムリをしない。続かないから。
まずは今日。まずは今。
簡単なことを実践するだけ。

あなたの美の細胞は
眠っているだけ♪
美人スイッチON！

まずは動いてみよう！
体の巡りがよくなると、
心の巡りがよくなるよ♪

ハッピー、ラッキー、ビューティー♪
この魔法の言葉を唱えるだけで自然に笑顔になれるよ。

胸を開くと運も開くよ。

左右各5秒間
思い出したら
1日何回でも

STEP③ バストアップ

バストアップマジック体操

効果
・バストアップ
・ブラからはみ出す肩下のぜい肉つぶし
・肩こり解消
・姿勢と猫背の矯正

たった5秒間の体操ですが、毎日数回、思い出したら行うだけで、気が付くとバストが中央に寄り、ぐんと高くなる美バストメイクの体操です。壁についた手の側の肩甲骨が、背骨にくっつくイメージで胸を張ってね♪

SIDE

1

壁を右にして立ち、肩より少し高い位置に右手を置きましょう。

YUMIの HAPPY POINT

お腹は
キュッと引っ込めて
5カウント!

おはよー
1回5秒間
1日何回でも
ドアを通るときの
習慣に

ARRANGE
女優風「おはよう」体操

朝、リビングやキッチンに入るとき、映画のヒロイン気分で「おはよう～！」と言いながらこの体操をすると、気分も上がってHAPPYに！　ドアの枠の肩よりも上の位置に両手をかけて立ち、上半身だけ前に乗り出すように。体重をかけて息を吐きながら、胸をぐーっと突き出しましょう。両方の肩甲骨がギュッと寄って、背中のぜい肉が押しつぶされるのを感じて。

2

SIDE

右手で支えながら、胸をぐーっと開いて、前に体重をかけて乗り出しましょう。右の肩甲骨が真ん中に寄るように。終わったら、反対側も同様に行いましょう。

キラキラ☆体操

効果
・バストアップ ・肩甲骨と腕のストレッチ ・二の腕の引き締め ・背中のぜい肉落とし

体の後ろに回した腕全体を「♪お星さまキーラキラ」の歌のように動かして。二の腕をぞうきんのように絞って、ふりそで肉と背中の厚い脂肪をそぎ落としてしまいましょう。「ギュッ、ギュッ」と声を出しながら腕を絞るのがコツ！

1

まっすぐに立って、腕を斜め後ろに伸ばします。手のひらはパーに開きましょう。

YUMIの HAPPY POINT
二の腕を肩甲骨ごと絞り込んで！

また弾みをつけて腕を後ろに引きながら、手のひらを内側に向けるようにねじります。これで1回とカウント。腕をねじり切った後、ねばってもうひと絞りするのがポイント！　ねじるたび肩甲骨同士が寄るように、ギュッギュッと、リズミカルに繰り返しましょう。

3

2

腕を後ろに引いて弾みをつけながら、手のひらを外に開くように二の腕をねじります。

10カウント
×
3セット

NG

手首だけをねじる動きでは効果なし。しっかり肩甲骨からが腕、という意識でねじりましょう。また、肩が上がって力が入ってしまうのもNG。腕をググッと引いて、肩甲骨同士が寄っている状態をキープ。

STEP❸ バストアップ

10回×
3セット

グーでブンブン体操

効果
・バストアップ
・背中のシェイプアップ
・冷え解消
・肩こり解消
・ウエストくびれ

老けて見えやすい背中のもっさり感は、この体操で大至急解消！「ブンブン」と声を出しながら、伸ばした腕を後ろに引くと、バストもツンと上を向くのが実感できちゃいます。肩こりもすっきり解消♪

1

足を肩幅に開いて立ちましょう。手を軽く握って肩の高さで腕を伸ばします。

YUMIの HAPPY POINT
簡単なのに背中もバストもまとめて美人に！

ARRANGE
天使の羽体操

①足を肩幅に開いてまっすぐに立ち、両手を上げます。②ひじが90°に曲がるまで下ろします。肩が上がらないように注意しましょう。③肩甲骨を寄せるようにひじを後ろに引きましょう。反動を使いながら戻して、引いて、と、リズミカルに繰り返しましょう。

10回×3セット

1

2

3

2

両腕をブンブンと後ろに引きましょう。腕の高さは変えずに、反動を使って肩甲骨同士を引き寄せるようなイメージです。

STEP ❸ バストアップ

自分で自分を抱きしめてあげる体操

効果
・バストアップ　・背中のぜい肉シェイプ　・姿勢矯正　・二の腕引き締め

背中のぜい肉を肩甲骨で押しつぶすようなイメージで引き締めたあと、丸くなって自分で自分をギュッとハグ。キレイになっていく自分自身を優しく抱きしめていると、心もまあるく浄化された気分になれます。

背中のストレッチを
10回行った後、
丸まって**10秒**
キープ

BACK

1

まずは背中のストレッチです。床にひざ立ちになり、背中に手を回して両手を組みましょう。

3

次に組んだ手をほどいて、両手をクロスさせて自分の両肩をつかみましょう。そのまま自分で自分を抱きしめるように、丸ーくなります。

BACK

2

背中のぜい肉をギュッと寄せて、息を吐きながら腕を遠くに伸ばすように上げましょう。息を吸いながらゆっくり1に戻ります。これを5回行ったら、上になる親指が反対になるように手を組み直して、また5回行いましょう。後ろで手を組めなくても大丈夫♪　腕を後ろにしっかり伸ばした状態で上げ下げし、肩甲骨寄せを繰り返してみましょう。

YUMIの HAPPY POINT

**最後は
自分を優しく
ハグ♡**

お顔ブルブル体操

効果
・目がぱっちりしてフェイスラインすっきり
・二重あご解消
・顔の血流アップ
・美肌効果

下を向いて顔をブルブル振る体操は、お目々ぱっちりの若々しい顔を作ってくれます。フェイスラインもシャープになるので、メイク前の習慣にオススメ。息をゆっくり吐きながら、上体を倒すと深く前屈できますよ！

足を肩幅に開いてまっすぐ立ちましょう。両手を斜め後ろにまっすぐ伸ばして胸を張ります。

1

YUMIのHAPPY POINT
体を倒しきったら、上半身はリラックス♡

2

胸を突き出したまま、股関節から上半身を折り曲げて前屈。手は後ろで組みます。

3

深く前屈したら、顔を左右にブルブル振りましょう。

10秒間

注意点
初めての人は長くやりすぎると、ふらついたり気分が悪くなったりする場合もあるので、短めから徐々に10秒に近づけて。

LEVEL DOWN

ひざを伸ばしたまま前屈するのがキツい方は、ひざを曲げて行ってみましょう。

STEP❹ 小顔

フェイスラインすっきり体操

効果
・フェイスラインの引き締め　・メイク前に行うと、化粧ノリUP　・二重あご解消　・肩こり解消

首周りのコリをほぐしてリンパの流れを促進。老廃物が流れやすくなって、フェイスラインがすっきり整う体操です。首筋が伸びていることを感じながら「フーッ」とゆっくり息を吐きましょう。メイクもバッチリ決まりますよ！

左右
各10カウント
斜め前の左右も
各10カウント

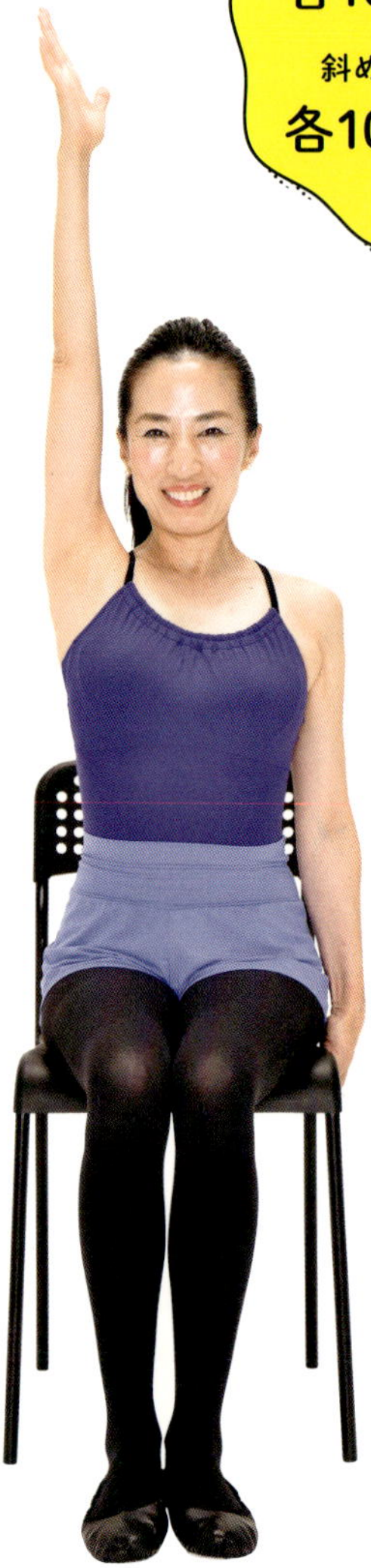

1

イスに浅く座って、左手でイスの座面をつかみましょう。右手を天井に向けてまっすぐに伸ばします。

2

3

フーッ

手を離さないでそのまま頭を右斜め前に倒し10秒間キープ。首の後ろが伸びているのを感じましょう。元に戻したら、反対側も同様に行いましょう。

4

フーッ

伸ばした右手を左の耳上に当てます。フーッと息を吐きながらゆっくりと手の重みで頭を横に倒しましょう。左の首筋が気持ちよく伸びるのを感じて。10秒間キープ。

YUMIの HAPPY POINT
これで
化粧ノリが
150%UP！

ゆっくり首回し体操

効果
・小顔 ・首のコリほぐし ・二重あごの解消 ・リンパの流れの促進

顔色が悪い、目の下のクマが目立つ、という方にオススメなのが首回し体操。いつでもどこでもできるので、思い立ったら回しましょう。できるだけゆっくりと頭を大きく回すように意識すると、左右1回ずつでも、効果は絶大!

1

イスに浅く座って背中をまっすぐにしたら、両手をクロスして鎖骨に置きましょう。

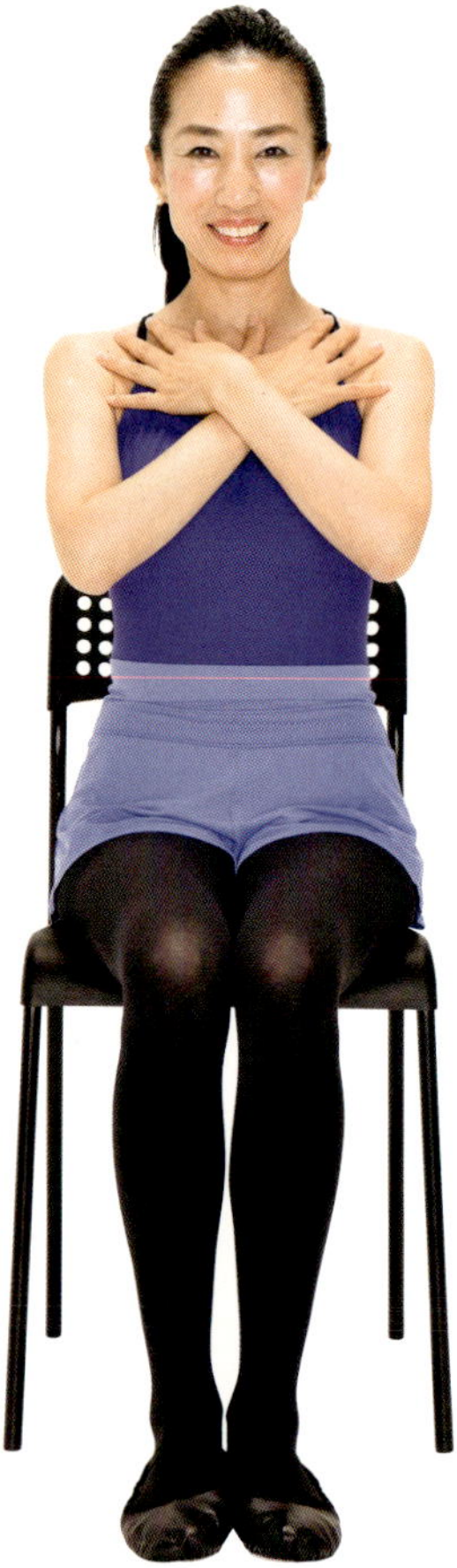

左右
各1回

2
フーッ
3
4
フーッ

息をゆっくりと吐きながら、8カウントで頭をゆっくりと回します。首から下が動いたりしないように手で鎖骨を固定して、頭だけ回すようにしましょう。元の位置に戻ったら、反対回しも行いましょう。

YUMIの HAPPY POINT
交差した手で
しっかり鎖骨を
押さえてね！

効果
・フェイスラインの引き締め ・首筋のストレッチ ・首を細く長く見せる ・二重あご解消

ベロ出し体操

天井に向かって舌を突き出すちょっとコミカルな体操ですが、二重あごの解消とすっきりしたネックライン作りにはもってこい！ 背中で組んだ腕を下げて、肩甲骨を引き下ろし、ベーッと突き出した舌と引っ張り合うイメージで行いましょう。

1

イスに浅く腰掛けて、両腕を腰の後ろで組みます。腕を後ろに回しづらい方は、イスの座面をつかんでもかまいませんので、背筋をまっすぐ伸ばしましょう。

10秒間
×2セット

2

あごを上げ、天井を見上げます。肩甲骨を下げて、首筋が伸びるのを感じましょう。

3

そのまま舌を天井に向かって突き出し、さらに首を伸ばして、10秒間キープ。

EPILOGUE

出来た自分を褒めてあげましょう♪

この本を手に取ってくださって、ありがとうございます。「ユミ式ラク痩せゆる体操」いかがでしたか？

「こんなに簡単でいいの？」「これだけで本当にくびれるの？」って思います？

はい、くびれます♪　現に55歳の私がそうなんですもの。

冒頭でも書きましたが、私はしんどいことは嫌い。我慢したり、制限するのも嫌いなんです。だから、好きなお菓子もアイスクリームもポテチも食べます。もちろんビールも大好きです。

ただ、食べるときはいつも、楽しい気持ち、うれしい気持ちでいただきます。そして、自分の満足感を大切にします。

あなたはいつも自分の心を大切にしていますか？　自分の心の声に耳を傾けたら、自分にとっての要るもの、要らないものがよくわかります。

体と心は繋がっています。体の老廃物は心の老廃物です。今日のむくみは、今日のうちに流しましょう。そう、習慣にしてしまうのが一番ラクだから。

大切なのは、一つでもいいから出来ることを続けること。

ユミ式メソッドは、日常に組み込みやすい簡単な動きばかり。家事の合間やデスクワークの途中など、思い出したときにやるだけ。そして、出来たときはちゃんと自分を褒めてあげてくださいね。自分の未来を楽しみにしながら。私たちの人生はまだまだこれから！

そしてここでぜひお礼を言わせてください。私の思いを形にしてくださった編集の下井さん、カメラマンの林さん、ライターの若尾さん、いつもサポートしてくれる理恵ちゃん、インストラクターのみんな、大好きな生徒の皆様、私の家族友人達、感謝の気持ちでいっぱいです。ありがとうございます。

最後に、この本を読んでくださったあなたの人生が健康とハッピーで溢れますように。

ハッピー、ラッキー、ビューティー♪

2019年11月吉日　鄭 由美

鄭 由美　Yumi Tei

1964年、兵庫県生まれ。一般社団法人　日本美姿勢協会代表。３人の子どもを出産後の30代、自分のボディラインの崩れに愕然とし、家事、育児の合間でもできるユミ式整美体操を編み出す。自らのメソッドにより、50代半ばの現在も驚異的な美ボディをキープ。大阪、神戸を中心に36教室を運営するほか、全国各地でレッスンを開催し、17年間で、のべ５万人のボディと意識を変える。　http://www.yumi-shiki.com/

デザイン：吉田憲司＋宍倉花也野（TSUMASAKI）

スチール撮影・動画撮影＆編集：林 桂多（講談社写真部）

取材・構成：若尾淳子

校正：浦野多恵

DVDプレス：イービストレード

DVD《ディーブイディー》付《つ》き　1日《にち》1分《ぷん》で、くびれボディ

ユミ式《しき》 ラク痩《や》せゆる体《たい》操《そう》

2019年11月13日　第１刷発行

著　鄭《てい》由《ゆ》美《み》

発行者　渡瀬昌彦

発行所　株式会社講談社
〒112-8001 東京都文京区音羽2-12-21
販売☎03-5395-3606　業務☎03-5395-3615
ディスクサポートセンター0120-500-627
10:00～17:00（土・日・祝日を除く）

編集　株式会社講談社エディトリアル
代表　堺 公江
〒112-0013東京都文京区音羽1-17-18 護国寺SIAビル6F
☎03-5319-2171

印刷所　大日本印刷株式会社

製本所　大口製本印刷株式会社